LE FOU DU ROUGE

Données de catalogage avant publication (Canada)

Chartrand, Lili

Le Fou du rouge
(Caméléon)
Pour les jeunes de 9 à 11 ans
ISBN 2-89428-620-1

I. Titre. II. Collection : Caméléon [Hurtubise HMH (Firme)].

PS8555.H43F68 2003 jC843'.6 C2002-942011-3
PS9555.H43F68 2003
PZ23.C52Fo 2003

Les Éditions Hurtubise HMH bénéficient du soutien financier des institutions suivantes pour leurs activités d'édition :

- Conseil des Arts du Canada ;
- Gouvernement du Canada par l'entremise du Programme d'aide au développement de l'industrie de l'édition (PADIÉ) ;
- Société de développement des entreprises culturelles au Québec (SODEC) ;
- Programme de crédit d'impôt pour l'édition de livres du gouvernement du Québec.

Éditrice jeunesse : **Édith Madore**
Conception graphique : **Marc Roberge**
Illustration de la couverture : **Marie Lafrance**
Mise en page : **Lucie Coulombe**

Téléphone : (514) 523-1523 • Télécopieur : (514) 523-9969
www.hurtubisehmh.com

Distribution en France
Librairie du Québec/DEQ
Téléphone : 01 43 54 49 02 • Télécopieur : 01 43 54 39 15
Courriel : liquebec@noos.fr

Dépôt légal/1er trimestre 2003
Bibliothèque nationale du Canada
Bibliothèque nationale du Québec

Imprimé au Canada

LILI CHARTRAND

LE FOU DU ROUGE

HURTUBISE HMH

CAMÉLÉON

Après une formation en graphisme, **Lili Chartrand** a travaillé plusieurs années dans le domaine du cinéma d'animation.

L'écriture pour les jeunes réunit ce qu'elle aime le plus : les mots, les images et la couleur. Son univers, c'est tout ce qui est magique, farfelu et fantastique.

Le Fou du rouge est le troisième roman jeunesse de Lili.

À mon grand loup

1

Drôle de pari

Je m'appelle Loup. Mon prénom va bien avec ma passion : j'adore me déguiser ! Un loup, ce n'est pas juste un animal, c'est aussi un masque qui couvre le pourtour des yeux. Cette passion du déguisement, je l'ai développée avec mon grand-père. Il était maquilleur au théâtre. Depuis l'âge de cinq ans, j'ai traîné dans les loges. Mon grand-père m'a inculqué peu à peu tous les rudiments de ce métier. Pendant que ma mère jouait sur la scène et que mon père s'occupait de l'éclairage, je m'exerçais à me maquiller et à me déguiser. J'ai aussi observé attentivement le jeu des acteurs. C'est la meilleure école pour apprendre à bouger ou à exprimer des sentiments par différentes mimiques. Je peux ressembler à un vieillard ou à un chinois obèse, pas de problème ! En me voyant si passionné, mon grand-père m'a présenté à un expert en voix. Celui-ci m'a fait travailler d'arrache-pied, mais ça en valait le coup. Le nombre de fois où j'ai dupé ma mère ! Mon grand-père m'a toujours encouragé. Jusqu'au jour où il est tombé subitement malade... Puis, il y a quelques mois, lors de mon onzième anniversaire, il m'a confié tout son attirail en me demandant d'en prendre grand soin. Ce soir-là, il nous a quitté... Depuis ce jour, gravé à tout jamais dans ma mémoire, j'ai décidé de devenir un détective espion, celui que personne ne reconnaît jamais ! Je crois que mon grand-père m'approuverait. Il adorait autant que moi les films d'espionnage et d'horreur (pour les maquillages). Tout ce qui était bizarre ou qui sortait de l'ordinaire l'attirait, comme moi ! Je possède toute la collection des revues *Bizarroïde* et *Insolitus*. J'ai également tous les enregistrements de *Phénomènes insolites*, mon émission favorite diffusée depuis deux ans. Au grand désespoir de mes parents, qui n'aiment que les talk-shows, les téléromans… et les films d'amour. Beurk !

Voilà déjà deux semaines que les vacances d'été sont commencées… et rien à l'horizon. Où vais-je trouver une enquête insolite à me mettre sous la dent ? Retrouver une paire d'espadrilles ou une souris, non merci ! Ça m'intéresse autant qu'un documentaire sur la culture des navets…

Ma passion du déguisement me démange tellement que, faute d'enquêtes, ma meilleure amie Luna m'a proposé un drôle de pari. Elle a parié que *tous* les nouveaux résidants du quartier n'ont pas de magnétoscope, comme elle. Parfois, on dirait que Luna vient d'une autre planète : elle dit qu'il n'y a pas que la télé et les cassettes vidéo dans la vie ! J'ai accepté son pari, car Luna a posé deux conditions qui me plaisent énormément : je dois me déguiser différemment *chaque fois*, et je dois *absolument* voir le magnétoscope *de mes propres yeux*. D'ailleurs, Luna exige un compte rendu détaillé et honnête de mes déplacements. Je m'amuse comme un fou ! Je choisis des déguisements de plombier, d'assureur, de laveur de vitres... qui me permettent d'entrer plus facilement chez les gens. Bien sûr, il arrive qu'on ne me laisse pas pénétrer dans la maison. J'ai alors deux possibilités : simuler un malaise et réclamer un verre d'eau ou bien demander la permission de téléphoner ; ça marche à tout coup ! Pendant ce temps, je peux jeter un œil dans la maison. Jusqu'à présent, Luna est dans les patates ! J'ai l'impression qu'elle devra donc m'assister dans mes futures enquêtes : c'est la promesse qu'elle m'a faite si je prouve le contraire de ce qu'elle affirme.

Drôle de pari, drôle de fille : Luna passe son temps libre à confectionner des vêtements plus originaux les uns que les autres. Elle court les bazars et fouille dans les bacs à recyclage pour trouver des matériaux intéressants. Disons qu'à l'école, elle détonne ! Les filles et les garçons se moquent de son style original et de son poids. Luna est pas mal ronde, et puis après ? Intéressante et drôle, je la trouve jolie avec ses longs cheveux noirs et ses grands yeux verts. Puis surtout, elle n'est pas comme toutes ces filles qui se rassemblent et gloussent comme des dindes devant les photos de chanteurs rock ou de stars de cinéma. C'est d'ailleurs son côté marginal qui m'a attiré. Qui se ressemble, s'assemble : à l'école, je passe aussi pour un drôle de pistolet. Mon argent de poche s'envole en faux nez, fausses dents, fard à joues ou perruques. Moi, les jeux vidéo et le hockey… J'ai d'ailleurs eu longtemps mon lot de remarques intelligentes, telles que : « Va donc maquiller tes copines ! Tiens, la poupée qui arrive ! » C'est drôle, mais depuis que je fais du karaté, les garçons ont cessé de me harceler. Ah ! oui, si je perds le pari (ce qui m'étonnerait), j'ai promis à Luna de faire sa tournée des bacs à recyclage pendant un mois !

Je sonne chez le neuvième et dernier nouveau résidant du quartier. Je suis déguisé en vendeuse de produits naturels : yeux bruns fardés, lèvres rouges, nez pointu, cheveux longs noirs, tailleur rose, bas de nylon noirs, talons aiguilles et mallette blanche. Sur ma joue, une grosse verrue rouge et brillante vient compléter mon déguisement : j'y ajoute toujours un élément *dégueu*, j'adore ça ! Zut ! on ne répond pas... Mais il y a une grande fenêtre sur ma gauche, je parie que c'est le salon ! Je n'hésite pas une seconde, je fais semblant de trébucher sur ma mallette. Je me rattrape sur le bord de la fenêtre et j'en profite pour regarder à l'intérieur : c'est bien le salon. Je plisse les yeux et aperçois dans un coin... un *magnétoscope* ! Je me redresse aussitôt et j'empoigne ma mallette. D'une démarche de mannequin, je quitte les lieux, même si j'ai juste envie de courir à perdre haleine jusque chez moi ! Je dois jouer mon personnage jusqu'au bout... de la rue. Arrivé au coin, je tourne à gauche, je me déchausse et, zou ! je file jusqu'à la maison.

Je fredonne devant le miroir, souriant à mon reflet. J'ai gagné le pari haut la main. Il y a seulement un des nouveaux résidants qui n'a pas de magnétoscope, mais il a l'intention d'en acheter un. Je m'approche de la glace. J'enlève ma perruque en soupirant. Quelle chaleur là-dessous ! Je retire ensuite mes verres de contact. Je tiraille alors sur mon faux nez en grimaçant. Perukapou ! Je me retrouve encore avec la peau plaquée de marques rouges. Cette colle est trop efficace. Il va falloir que mon fournisseur et ami Taï Ming m'en commande d'une autre marque. Je me regarde de nouveau dans le miroir. Je me fais une horrible grimace. Mon reflet me renvoie l'image d'un grand garçon (j'ai grandi de quinze centimètres en quelques mois !), aux yeux bleus et vifs, un pli moqueur au coin des lèvres. Je passe ma main dans mes cheveux blonds, en brosse. Je n'adore pas ça, mais c'est ce que j'ai trouvé de plus pratique pour porter des perruques !

Je m'apprête à décoller ma verrue préférée, avant de me démaquiller, lorsque j'entends ma mère pousser un épouvantable hurlement :

— AAAAAAAAAAAAHHHHHHHHHHHHHHH !

Je me précipite aussitôt à la cuisine.

— Qu'est-ce qui t'arrive, maman ? Tu t'es blessée ou tu répètes une de tes scènes ?

Ma mère apprend ses textes à la maison. Je ne sais donc jamais si ses cris sont sérieux ou pas ! Par exemple, je me souviendrai toujours de la fois où je l'ai entendue hurler : « Au secours ! À l'assassin ! » Je me suis précipité au salon, un poêlon à la main. J'ai découvert ma chère mère qui grignotait un muffin, un texte étalé devant elle. Je crois que je ne m'y habituerai jamais !

— Ta sœur vient d'accoucher, tu te rends compte ? crie-t-elle en me serrant dans ses bras. C'est merveilleux !

Très extravertie, ma mère se met alors à chanter à tue-tête dans la cuisine. Quant à moi, cette nouvelle me laisse un peu froid. Moi, les bébés… Poli, je demande quand même :

— C'est un garçon ?

— Non, une belle petite fille ! J'ai hâte d'annoncer la nouvelle à ton père. Je vais appeler tout de suite ton grand frère. Mon Dieu, je suis grand-mère ! Mais, qu'est-ce que tu as à la joue ? Oh, non ! pas encore un de tes horribles gadgets !

Ma mère adore la beauté sous toutes ses formes. C'est une actrice, que voulez-vous… Je me retire discrètement et retourne à ma chère verrue.

Il est très tard, mais je n'ai pas sommeil. Je suis trop énervé ! L'extraordinaire nouvelle est tombée au souper : impatients de rencontrer leur première petite-fille, mes parents ont décidé de partir demain à la première heure, car une longue route les attend jusqu'au chevet de ma sœur aînée. Je jubile pour une excellente raison : mes parents partent *sans* moi ! J'ai donc *dix jours* de liberté qui m'attendent. Oui, un tel exploit est possible ! Pour les persuader, je leur ai d'abord parlé de tante Agathe qui habite juste au-dessus de chez nous. Elle pourrait veiller sur moi ? Ça ne les a pas convaincus. Mes parents la trouvent trop excentrique. Moi, je la trouve super ! J'ai alors évoqué mon frère : il pourrait passer tous les jours vérifier que tout allait bien. J'ai dit ça en sachant très bien que Denis ne passerait pas me voir. Disons que ce n'est pas tout rose entre nous ! J'ai vu que mes parents commençaient à céder. Il fallait coûte que coûte que je trouve l'argument massue. Tout d'un coup, j'ai eu un flash : mes cours de karaté. Il n'était pas question que j'en manque un ! Mes parents ont donné aussitôt leur accord : ils ont coûté la peau des fesses, mes cours ! Je me retrouve, bien sûr, avec une liste de mille deux cent vingt-cinq recommandations... Si ça peut les rassurer, hein ?

En apprenant la nouvelle, Luna m'a trouvé très chanceux. Vivement demain !

Au travail !

Je n'en reviens pas ! Je vois l'auto de mes parents qui s'éloigne dans un nuage de poussière... Waaaaoouuhhh !

Assis dans mon fauteuil préféré, je réfléchis. Je ne peux pas appeler Luna à neuf heures un dimanche matin. Elle m'arracherait les yeux, cette marmotte ! J'entends alors quelque chose tomber dans la boîte aux lettres. Ce sont des circulaires, bien entendu. Il y a aussi le journal du quartier. Pourquoi ne pas y jeter un œil ? Je le parcours assez rapidement. Il y a les nouvelles habituelles : équipe locale de base-ball qui a perdu, souper-bénéfice, bazars... ça, c'est pour Luna ! Tiens, une fête foraine s'installe dès ce soir dans le quartier. Super ! Une parade clôturera leur départ. Je tourne les dernières pages lorsque je tombe sur un drôle d'entrefilet :

La quincaillerie Leblanc n'a plus de peinture rouge ! Monsieur Leblanc a dû vendre tout son stock à un client fort exigeant. La raison de cet achat reste toujours nébuleuse. L'étrange client a seulement balbutié : « C'est... c'est... pour une bonne cause ! »

Voilà une situation insolite. Je crois que je viens de trouver mon enquête ! Je vais me mettre à la recherche de ce drôle d'individu. Comment vais-je me déguiser ?

C'est alors que le téléphone sonne. Je décroche :

— Allôôôôôô ? C'est la vieille folle du dessus ! Comment ça va, mon garçon ? Veux-tu de la compagnie ?

— Écoute, tante Agathe, je suis occupé et...

— Alors, viens souper avec moi, je te ferai des frites.

— Ce soir ? J'ai mon cours de karaté !

Zut ! Je rate un plat de frites. C'est mon point faible !

— On remet ça à demain midi, alors ? réplique-t-elle en riant.

— Super ! Je serai là, salut !

Je raccroche aussitôt. Ma tante est capable de me tenir en ligne deux heures !

Je regarde ma montre : neuf heures et demie. Je décide d'appeler Luna. Elle répond à la cinquième sonnerie, tout essoufflée :

— Allô ?

Je prends alors une voix aiguë de dame à l'accent anglais prononcé :

— *Bondjiour, madmoâzelle !* C'est *piour une* sondage. *Do you, exkiousez-moâ...* Avez-*vious deuze* minutes ?

— Euh... de quoi s'agit-il ?

Je jubile. Je l'ai encore eue ! Je lui réplique, en reprenant ma voix :

— Je veux savoir le nombre de pizzas que tu as mangées ce week-end !

Luna est à moitié italienne. Son père possède une pizzeria, *Chez Lorenzo*, qu'elle fréquente beaucoup.

— Loup ! crie-t-elle dans mon oreille. Espèce d'idiot ! Dis donc, elle est formidable, cette voix-là !

— *Meurci bieaukiou*. Écoute, j'ai trouvé ma première enquête !

Je lui résume alors l'article sur le type de la quincaillerie.

— Bof... dit-elle. Qu'y a-t-il de mystérieux là-dedans ? De toute façon, je ne peux pas t'accompagner. Je sais, je t'ai fait une promesse. Mais, tu le sais bien, je dois aller à la répétition de *Denis et ses hommes-grenouilles* ! J'ai réussi à terminer leurs combinaisons de plongée, tard hier soir.

— Ah ? Bon, d'accord, j'irai enquêter tout seul.

— Tu me raconteras plus tard. Ciao !

— C'est ça, salut.

Mon enthousiasme vient de baisser d'un cran. *Denis et ses hommes-grenouilles*, c'est le groupe rock que mon frère a fondé. Quand il a vu les vêtements que Luna réalise, il a aussitôt passé une commande. Depuis ce temps, c'est : Denis par-ci, Denis par-là... Qu'est-ce qu'elle peut bien lui trouver ?

En maugréant, je monte dans ma chambre. J'ouvre mon placard. Il déborde ! Je *rêve* d'avoir une grande pièce consacrée à ma passion. À gauche, sur des tablettes, se trouve la section accessoires : perruques, sacs, chaussures, bottes, gants, ceintures, foulards, cannes, parapluies, lunettes, cravates, valises et bijoux de toutes sortes. À droite, sur des cintres, tous mes costumes. Plusieurs d'entre eux ont d'ailleurs été conçus par Luna. Je prends mon carnet de notes. Il contient une liste de personnages avec leurs descriptions détaillées, ainsi que le temps requis pour atteindre le résultat final. Par exemple, le numéro 36 : *Mister Lux, vendeur. 30 ans, yeux verts, cheveux noirs bouclés. Habit noir, chaussures noires, cravate rouge, chemise blanche. Accent anglais. 20 minutes.* Comme ça, je ne perds pas de temps à chercher un déguisement. J'ai pensé à tout ! D'ailleurs, en cas d'urgence, j'ai toujours dans mon sac à dos deux ou trois déguisements express. Je regarde le numéro 44 : ça me donne une idée... Oui, ça va être parfait ! Je vais faire d'une pierre deux coups... Je sors aussitôt les vêtements et la perruque appropriés. Je m'installe ensuite à ma table de maquillage. Tout y est rangé : crème à démaquiller, mouchoirs, crayon à sourcils, mascara, poudre, fond de teint, fard à joues, faux cils, ombre à paupières, rouge à lèvres et crayons gras. J'ai aussi un coffret de mon grand-père où je garde mes précieux « gadgets », comme dit ma mère : verrues, boutons, plaies, faux sang, cicatrices, faux nez, prothèses dentaires, masques de latex ainsi que des verres de contact colorés. Je m'empare d'un crayon gras en souriant : eh oui, j'adore me déguiser !

J'arrive chez le quincaillier une heure plus tard. Il m'accueille avec un grand sourire. Il doit penser que je suis riche ! Je porte un nouvel ensemble : veston et pantalon en velours vert, avec cravate en soie rouge ornée d'une clé de sol dorée. Quant à ma grosse bague sertie de diamants (faux, bien entendu !), elle fait toujours une forte impression. Une perruque noire bien grasse et un faux nez sur lequel j'ai ajouté un gros bouton galeux, complètent mon style. Je souris à mon tour au commerçant. Ma nouvelle prothèse, composée de quatre dents en or, lui fait un effet bœuf ! Il s'approche aussitôt :

— Je peux vous aider ?

Je prends alors une voix grave en roulant les « r », comme un Russe :

— Cerrrtainement, je cherrrche de la peinturrre rrrouge.

— Je suis désolé, je n'en ai plus. J'ai tout vendu à un client.

— Comment ? Je dois m'en prrrocurrrer de toute urrrgence ! Qui est donc ce monsieur ? Je lui en achèterrrais immédiatement.

— Malheureusement, je ne l'avais jamais vu.

Mon personnage s'emporte. Je rougis et j'élève la voix :

— Décrrrivez-le-moi alors. Je veux le rrretrrrouver !

— Euh… taille moyenne, mince, complet gris. Il avait une moustache et des cheveux courts noirs.

— Aucun signe parrrticulier ?

— Justement, j'allais vous le dire : il avait une bague en plastique, en forme de cœur. On aurait dit une bague d'enfant, qui venait tout droit d'une boîte de céréales !

— Perrrmettez que je note ?

— Euh… bien sûr ! Prendrez-vous quand même quelque chose ?

— Trrrois vis, s'il vous plaît !

Je me retiens d'éclater de rire en voyant le visage du quincaillier s'allonger.

— Ah ? Bon, alors voici votre monnaie, monsieur.

— Je vous rrremerrrcie, mon brrrave. Je rrreviendrrrai !

Je quitte les lieux, ravi. Ça commence bien ! Je regarde alors ma montre : je vais arriver juste au bon moment…

3

Sa Majesté le chat

Je frappe à la porte du local où mon frère s'exerce. La musique fait vibrer les murs. Je m'apprête à défoncer, lorsque la porte s'ouvre enfin.

— Oui ? me répond Luna en me regardant de la tête aux pieds.

C'est le grand test. J'ai fait très attention de ne rien porter qu'elle a confectionné ou déjà vu.

— Bonjourrr ! *Denis et ses hommes-grrrenouilles*, c'est bien ici ?

— Oui, qui dois-je annoncer ?

— Monsieur Rrrokski, agent d'arrrtistes. Voici ma carrrte.

— Entrez, entrez ! me dit Luna en souriant.

Ouf ! Elle ne m'a pas reconnu. La blague peut commencer…

À mon entrée dans le local, le groupe cesse aussitôt de jouer. Luna tend ma carte à Denis.

— J'aimerrrais beaucoup vous lancer, dis-je alors en tendant la main à mon frère. En passant devant le local, j'ai entendu votrrre musique et je me suis dit : « Du tonnerrre, ce grrroupe ! » Puis-je savoirrr le titrrre de cette merrrveilleuse pièce ?

— C'est *La danse du poulpe*. Vous, vous… êtes sérieux ? balbutie mon frère, les yeux tout brillants.

Mais… il tremble ! Moi qui croyais que son groupe était juste un passe-temps… Je regarde les trois autres gars avec leurs combinaisons de plongée vert fluo : ils ont un style d'enfer ! Quant à mon frère, avec son veston en paillettes roses, ses chaussures et sa perruque vertes, je l'avoue, il est extra ! J'ai soudain un élan de remords. Mais je me reprends en voyant Luna qui couve mon frère avec de grands yeux adorateurs… GRRR !

Je sors alors de ma poche un contrat (faux, bien sûr). Tous les membres du groupe se rapprochent. Luna s'avance aussi, un gros chat dans les bras. Elle me le tend en disant :

— Je vous présente Baguette, la nouvelle mascotte du groupe !

Horreur, je suis allergique aux chats ! J'éternue trois fois de suite. Je relève la tête. Je vois mon frère qui me regarde drôlement. Pourquoi sont-ils tous figés ?

J'aperçois alors mon reflet dans un miroir. Mon faux nez est pourtant toujours en place. Perukapou ! Je n'ai plus ma prothèse en or… Je regarde discrètement autour de moi. Elle est tombée sur la tête du chat ! Luna plisse soudain les yeux et s'écrie :

— C'est Loup ! Je le reconnais !

Ah ! Celle-là, pas de danger qu'elle me défende devant mon frère…

Ce dernier lâche alors un cri de sauvage et me saute dessus en me plaquant au sol.

Je peux éviter certains coups, grâce à mes leçons de karaté. Mais que puis-je faire contre un champion de boxe ? Je dois crier grâce. J'ai quand même la satisfaction de le voir tout décoiffé, avec une belle égratignure sur la joue droite. Quant à moi, je suis tout endolori et mon œil me fait drôlement mal. Mais je suis fier de mon coup !

— Je t'ai bien eu, hein ?

— Imbécile ! Ne me refais jamais ce coup-là ! s'écrie mon frère, furieux.

Je trouve sa réaction un peu excessive. Si on ne peut plus rire maintenant…

Je lui tends alors la main en disant :

— Sans rancune ?

Mais mon frère me tourne le dos et je l'entends murmurer : « complètement cinglé ! »

L'ambiance est glaciale. Puisque c'est comme ça… Je sors donc du local et décide de rentrer à la maison. J'entends Luna qui arrive derrière moi. Elle replace ma perruque, ajuste ma cravate et me tend ma prothèse en or.

— Tiens, monsieur Rokski ! Sais-tu pourquoi ta blague a mal passé ? Ton frère a son premier contrat mardi soir à la fête foraine. Il est fou braque ! Tu ne sais donc pas que son plus grand rêve est de devenir un chanteur célèbre ?

Perukapou ! Si j'avais su... Je voulais juste lui faire une blague, sans plus. Là, je passe pour le dernier des pourris ! Je réplique à Luna :

— Comment aurais-je pu deviner ? Quand on se parle, c'est pour se dire des bêtises ! Tiens... qu'est-ce qui se passe ici ?

Je m'approche d'un attroupement devant une fruiterie.

— C'est comme je vous le dis ! Cet homme m'a acheté toutes mes caisses de fraises. Je n'ai jamais vu une chose pareille ! s'écrie la commerçante.

À ce moment, un déclic se fait dans ma tête. C'est une cargaison de *rouge* ! Je m'avance et, prenant une voix grave, je m'informe :

— Avez-vous déjà vu cet homme auparavant ?

La commerçante me regarde de haut en bas. Mon apparence doit lui faire bonne impression, car elle me répond :

— Jamais. Je m'en serais souvenu ! Il avait de drôles de lunettes, des cheveux roux et une longue barbe.

— Vous a-t-il dit ce qu'il comptait faire de toutes ces fraises ?

— Je ne le lui ai pas demandé. De la confiture, je suppose !

— Merci bien, chère madame !

J'entraîne aussitôt Luna, qui me dit en riant :

— Dis donc, tu as oublié ton accent russe ?

— Tu as raison, j'étais trop énervé ! Je pense que c'est l'homme de la quincaillerie.

— Qu'est-ce qui te fait croire ça ? Il lui ressemble ?

— Euh... même pas, dis-je, dépité, en comparant mes notes. Mais les deux ont acheté une *grande* quantité de rouge.

Luna me regarde en soupirant :

— Tu ne trouves pas que tu exagères ? Ça aurait pu être des caisses de bleuets. Cet homme préfère les fraises, tout simplement ! Va donc soigner ton œil, il noircit à vue... d'œil ! ajoute-t-elle en éclatant de rire. Quant à moi, je dois aller aider mon père au resto. Il a une grosse commande de pizzas à préparer pour une fête. On se rappelle, O.K. ?

Je rentre chez moi en boitant un peu. Je suis tout ankylosé, mon œil m'élance, mais j'ai appris une leçon : *lorsque je suis déguisé, toujours vérifier s'il y a un chat dans les parages !*

4

Des frites inspirantes

Un rayon de soleil s'amuse à me chatouiller le visage. Je me réveille en me grattant le nez, surpris. Je me suis endormi sur le sofa, tout entortillé dans ma couverture. Un peu perdu, j'aperçois alors le litre de lait qui s'est renversé sur la table basse. Des miettes de biscuits s'éparpillent partout sur le tapis. Je me rappelle d'un coup ma soirée : après mon cours de karaté, que j'ai terminé de peine et de misère, j'ai pris un bon bain chaud, savourant ma solitude. Bien sûr, c'est à ce moment-là que le téléphone a sonné ! C'était ma mère… Perukapou ! Mes parents reviennent finalement vendredi au lieu de mercredi prochain, car mon père a une offre de contrat qu'il ne peut refuser. Je soupire plus fort qu'un troupeau de moutons déprimés. Avec ma mère dans le décor, adieu la tranquillité ! Il faut que mon enquête avance rapidement.

Je ramasse donc mon désordre en réfléchissant. Comment puis-je retrouver mon homme de la quincaillerie ? D'abord, est-il du quartier ? Autant chercher un verre de contact dans un champ de faux nez ! Si je laissais tomber ? C'est vrai que cette histoire n'est pas si bizarre. Luna a raison. Je regarde l'heure. Quoi ! Onze heures ! J'ai dormi comme un bébé. Soudain, je me rappelle mon rendez-vous avec ma tante Agathe. Le sourire me revient. Je vais dévorer les meilleures frites en ville !

J'arrive chez ma tante à midi. Je sursaute en la voyant. Elle arbore des cheveux bleus remontés en chignon (la semaine dernière, ils étaient jaune citron). Très petite, ma tante est vêtue d'une robe rose avec de la dentelle. On dirait une poupée ! C'est d'ailleurs pour cette raison que je l'aime beaucoup : elle n'a pas peur du ridicule. Elle assume très bien sa personnalité, pour le moins extravagante. Je regarde autour de moi : la pièce est remplie de sculptures faites avec des coquilles d'œufs. C'est son passe-temps favori. Elle dit que c'est moins ennuyant que le tricot.

— Mon grand méchant Loup ! s'exclame-t-elle en me serrant très fort dans ses bras. Je suis contente de te voir. Eh ! C'est joli comme tout, ton œil au beurre noir !

Je regarde ses paupières beurrées de fard mauve... Je préfère me taire. Une odeur de frites vient alors caresser mes narines. Miam ! Miam ! Je vais me régaler !

À la cuisine, ma tante dépose les frites dans un grand plat qu'elle me tend. Elle m'ordonne de la suivre. Où allons-nous ? Perukapou ! Nous mangeons nos frites dans son immense baignoire sur pattes, confortablement installés sur des coussins. C'est génial !

— Alors, que comptes-tu faire de ces jours de liberté ? me demande-t-elle en trempant une frite dans... de la confiture de framboises !

Amusé, je croque une frite dégoulinante de ketchup. Dé-li-ci-eu-se ! J'hésite. Est-ce que je peux me confier à ma tante ?

— Tu sais, je peux être muette comme une carpe si on me le demande !

Je la regarde, bouche bée. Elle a des dons de télépathie ou quoi ?

— Ferme ta bouche, ça attire les mouches ! ajoute-t-elle en riant.

Conquis, je lui raconte mon début d'enquête.

— Je comprends ton découragement, mais n'abandonne pas si facilement ! me dit-elle en me serrant gentiment le genou.

— Je veux bien... Mais je ne sais pas où donner de la tête !

— J'ai une idée ! Si tu m'accompagnais au bingo ? Sais-tu que les femmes du club sont au courant de tout ce qui se passe dans le quartier ? Tu récolterais peut-être des révélations qui feraient avancer ton enquête, qu'en penses-tu ?

Je ne réponds pas, car je viens de m'étouffer avec une frite. Moi, au bingo ? Et puis quoi encore ? Avec toutes ces… petites vieilles ?

— Cher Loup ! s'exclame-t-elle en me tapant dans le dos, tu n'as donc pas compris que tu viendrais déguisé ?

Je me fige. Mais oui, ma tante a raison ! J'ai justement un déguisement de vieille dame qui ferait bien l'affaire…

— Perukapou ! C'est une super idée, tante Agathe ! Mais, il faut me trouver une identité qui ne rendra pas tes amies soupçonneuses à mon égard.

Nous discutons d'un plan, devant les frites qui disparaissent à vue d'œil. Finalement, l'œil brillant et l'estomac plein, je descends chez moi me préparer tranquillement. La soirée s'annonce amusante !

5

Vive le bingo !

« **N 33 ! N 33 !** » crie l'homme qui anime la partie de bingo. Je me trouve dans le sous-sol de l'église de mon quartier. Je suis assis à une table en compagnie de cinq vieilles femmes et… j'ai mal au cœur ! Tante Agathe m'a aspergé de parfum avant de partir. Elle m'a dit que ça ferait plus vrai ! J'essaie de ne pas croiser son regard, car chaque fois, elle pouffe de rire. « **O 75 ! O 75 !** » C'est vrai que je suis assez spectaculaire : je porte une perruque aux reflets roses, ainsi qu'un chapeau garni de fruits en plastique. J'ai glissé sur mon faux nez en bec d'aigle de petites lunettes dorées. Quant à mon visage, mon grand-père m'a appris à le vieillir de… 60 ans ! Ma petite touche *dégueu* consiste en une grosse verrue poilue, qui décore ma lèvre supérieure. Je porte une robe bleu ciel sous laquelle j'ai ajouté des coussins pour me grossir. « **I 23 ! I 23 !** » Les dames ont réagi très discrètement lorsque ma tante m'a présenté. Sont-elles impressionnées par ma verrue, mon parfum ou mon métier ? Car j'ai eu l'idée d'être une écrivaine, qui s'inspire de la vie des gens pour écrire ses histoires. De cette façon, je peux prendre des notes sans me faire déranger dans mon « travail ». « **G 50 ! G 50 !** » J'ai les yeux ronds et surtout les oreilles grandes ouvertes. Les dames jasent énormément à notre table, on se croirait dans une basse-cour. « **B 8 ! B 8 !** » hurle l'animateur. Comment réussissent-elles à jouer sans cesser de commérer ? L'entraînement, je suppose... Je soupire, car je commence à m'ennuyer et j'ai très chaud. « **I 19 ! I 19 !** » Je tends soudain l'oreille : j'ai entendu le mot... *rouge !*

— Imaginez-vous donc, déclare alors une vieille dame qui ressemble à un raton laveur avec ses yeux barbouillés de noir, que ma nièce, vous savez, celle qui travaille chez *Tissus Perman ?* Eh bien, elle a eu un drôle de client hier ! « **B 7 ! B 7 !** » La journée se terminait lorsqu'un homme s'est présenté devant elle. Il a déposé sur le comptoir dix rouleaux de différents tissus rouges. « **O 72 ! O 72 !** » Ma nièce lui a alors demandé ce qu'il comptait en faire. Tout en les lui payant comptant, il lui a répondu que c'était « pour une bonne cause ! »

À ces mots, je sursaute. L'homme que je cherche a donné la même réponse au quincaillier. « **B 14 ! B 14 !** » Je demande alors d'une voix nasillarde une description détaillée de l'homme. Le raton laveur, ravi, s'empresse aussitôt de m'informer. Je ne sais pas si c'est par jalousie, mais ses compagnes se mettent aussitôt à raconter d'autres anecdotes, certaines très intéressantes pour mon enquête. « **G 47 ! G 47 !** » Je fais semblant de toutes les noter, pour ne pas froisser ces dames. Lorsqu'elles ont terminé leurs commérages, je les quitte en prétextant que j'attends un appel de mon éditeur. Elles sont très impressionnées ! « **N 36 ! N 36 !** » Tante Agathe me reconduit à l'entrée de la grande salle, m'embrasse et me glisse à l'oreille :

— Elle n'est pas piquée des vers, hein, ma banque de renseignements ? Allez, bonne enquête ! ajoute-t-elle en me faisant un clin d'œil.

J'entends alors un cri perçant : « **BINGO !** »

Je reviens chez moi en marchant très lentement, déguisement oblige. Je n'ai encore jamais vu une grosse et vieille dame courir à toute vitesse. Cependant, j'ai drôlement hâte de comparer toutes mes descriptions et d'y réfléchir dans le calme !

Après m'être démaquillé, douché et changé, je me réfugie au salon, dans mon fauteuil favori. Je grignote une pomme, mes notes éparpillées devant moi. Je remets tout ça en ordre. D'abord, il y a mon sujet principal :

LE FOU DU ROUGE

Quincaillerie Leblanc : homme de taille moyenne, complet gris, moustache, cheveux courts noirs, yeux foncés

— signe particulier : bague en plastique en forme de cœur

— achat : 30 gallons de peinture rouge, payés comptant

— raison : c'est pour une bonne cause !

Ensuite, j'obtiens la liste suivante :

1. *Fruiterie : homme de taille moyenne, cheveux roux, longue barbe, lunettes*

   — signe particulier : ?

   — achat : 10 caisses de fraises, payées comptant

   — raison : ?

2. *Tissus Perman : homme, pas très grand, veston noir, moustache grise, yeux foncés, chapeau noir*

   — signe particulier : ?

   — achat : plusieurs rouleaux de tissus rouges, payés comptant

   — raison : c'est pour une bonne cause !

3. *Chez Fleur Bleue : homme de taille moyenne, blouson vert, cheveux bruns, yeux foncés*
   — signe particulier : bague en plastique en forme de cœur
   — achat : trois caisses de fleurs rouges artificielles, payées comptant
   — raison : c'est pour une bonne cause !
4. *Librairie Tournelle : homme de taille moyenne, chemise blanche, cheveux noirs, casquette*
   — signe particulier : bague en plastique en forme de cœur
   — achat : 40 livres à couverture rouge, payés comptant
   — raison : ?

Si je regarde attentivement ma liste, je constate des similitudes avec mon homme de la quincaillerie : ils ont *tous* acheté une *grande* quantité de stock rouge, et ils ont *tous* payé comptant. Seulement *deux* d'entre eux ont invoqué la même raison. Mais les deux autres ont *des bagues en forme de cœur !* Si je regarde leurs descriptions, il peut s'agir du *même* homme, si celui-ci... *se déguise* ! Perukapou ! J'avance, j'avance... Maintenant, *pourquoi* se déguise-t-il et paie-t-il *toujours* comptant ? Pour qu'on ne puisse l'identifier d'aucune façon ! Drôle de comportement pour quelqu'un qui n'a rien à se reprocher... Peut-être que sa raison est tout autre. C'est sûr qu'il ne va pas dire : « C'est pour une terrible vengeance ! », ou bien « Je prépare le mauvais coup du siècle ! » Soudain, je sursaute : *tous* ces achats ont eu lieu dans *mon* quartier ! Il y a donc de fortes chances que mon fou du rouge habite dans le coin ! Ça réduit considérablement mon champ de recherches... Vive le bingo !

Que c'est agréable de traîner le matin après une bonne nuit de sommeil ! Écrasé dans mon fauteuil, je mange mes céréales tout en zappant, ça m'aide à réfléchir. Tiens, j'ai vu la photo de cet homme en première page du journal du quartier ! Curieux, j'augmente le volume :

« ... le chirurgien-pédiatre Antoine Ciboulot, renommé pour ses nombreuses opérations complexes, va opérer vendredi le fils du roi Catalov de Verdegrie. Le prince souffre d'une tumeur très rare au cerveau. L'intervention est cruciale, le jeune garçon pourrait perdre la vue, et peut-être même... la vie ! Si l'opération est un succès, le roi Catalov promet à notre pays l'exclusivité de son nouveau fruit exotique qui fait fureur dans le monde : le kiwanas. Sinon ? Malheureusement, nous n'avons pas pu en savoir plus... »

Je baisse le volume. Ce chirurgien doit être drôlement nerveux. Quoique... il en a vu d'autres ! J'y pense, un chirurgien, ça aime le sang, donc le *rouge*... Trop facile ! Cependant, celui-ci habite mon quartier, il est de taille moyenne, puis il a les yeux foncés. Malheureusement, je n'ai pas pu voir ses mains… Perukapou ! Qu'est-ce qui me prend ? Soupçonner un homme de cette envergure ! Il a d'autres chats à fouetter ! Tant que j'y suis, pourquoi pas monsieur Letendre, le boucher ? Lui aussi est de taille moyenne, et il a les yeux foncés. Mais il n'a pas de bague en plastique en forme de cœur, je l'aurais remarquée. J'entends déjà Luna me répliquer, avec raison : « Rien ne l'oblige à porter sa bague tous les jours ! » C'est vrai que si je commence à soupçonner tous les types correspondant à la description de mon fou du rouge, je ne suis pas sorti de l'auberge !

Pensif, je tourne en rond sur le tapis du salon. Soudain, je m'arrête. Mais oui ! Je dois plutôt trouver ce qu'il reste de rouge dans le quartier… Perukapou ! Je me rappelle avoir lu dans le journal qu'il y a au Château Brillant une exposition d'une couronne de rubis. Du rubis, c'est rouge ! Je trouve l'article :

Le roi Catalov nous fait l'honneur de présenter sa collection privée de bijoux durant son séjour parmi nous, au Château Brillant. Le clou de cette exposition est sans contredit la magnifique couronne de 44 rubis, qui fait partie de la famille royale depuis des générations.

Perukapou ! L'ouverture est ce matin. Je dois y aller ! Je suis sûr que cette couronne va attirer mon fou du rouge. J'y pense, jusqu'ici, il a toujours joué la carte honnête, mais peut-être que cette fois-ci l'envie sera trop forte ! Je ne sais pas à qui j'ai affaire… C'est peut-être un dangereux criminel !

Je téléphone aussitôt à Luna pour lui demander de m'accompagner. Malheureusement, son père l'attend au restaurant. Je rouspète :

— Tu ne fais pas une trop bonne assistante ! Quoi ? Si tu peux m'aider autrement ? Euh… dis-moi donc ce qu'il y a de rouge, en grande quantité, dans le quartier ?

— Des bornes-fontaines et… des pizzas !

— Luna, tu n'es pas drôle ! Tu veux m'aider ou pas ?

— Oui, mais je ne vois pas… Tu n'as pas oublié que nous allons à la fête foraine, ce soir ? Qui sait, peut-être verras-tu ton homme là-bas ! Viens me chercher à la pizzeria, O.K. ? Je dois y aller, ciao !

Luna ne semble pas me prendre au sérieux. Ah ! Mais elle va voir ce qu'elle va voir ! Je suis décidé à trouver mon fou du rouge. Pressé de me rendre à l'exposition, j'opte pour un déguisement express : chapeau, lunettes noires et moustache. J'enfile un pantalon et un veston. Je me colle une longue cicatrice boursouflée sur la joue. Ça va aller ! Je prends mon sac à dos et je file en vélo vers le Château Brillant.

6

Douche froide et idée choc

Je suis au Château Brillant depuis plus d'une heure, à tourner autour de la collection des bijoux de la famille royale Catalov. J'ai regardé attentivement tous les visiteurs (ainsi que leurs mains) qui se sont arrêtés devant la couronne. Personne ne correspond à la description de mon fou du rouge… Perukapou ! Je ne vais pas m'éterniser ici, je m'en vais ! Je passe près du gardien de sécurité et je l'entends discuter avec un collègue de travail.

— Il y a de drôles de numéros, je te jure ! Un homme s'est présenté à l'ouverture. Il est resté planté devant la couronne au moins une demi-heure ! Je le surveillais, car je trouvais son comportement bizarre.

Tout à coup, il est venu me demander si elle était à vendre. Je n'en revenais pas ! Je lui ai ri au nez. Et puis quoi encore ? Ce bijou doit valoir une fortune ! Si tu l'avais vu... Qu'est-ce qu'il pouvait bien connaître aux rubis, avec sa bague en plastique en forme de cœur ?

Perukapou ! Je l'ai raté ! Je soupire quand même de soulagement : je sais maintenant que je n'ai pas affaire à un criminel. Cet homme m'intrigue de plus en plus. Si je veux l'attraper, il faut que je reste à l'affût d'objets rouges. Voyons voir... Pour le moment, je ne vois qu'une solution : me promener à vélo dans le quartier, peut-être que je serai chanceux ? C'est mieux que de rester là à me tourner les pouces ! Je fouille dans mon sac à dos. J'en retire une pile de journaux. J'échange mon chapeau contre une casquette et j'enfouis mon veston dans mon sac. Comme ça, je n'aurai pas l'air suspect déguisé en livreur ! Je glisse le paquet sous mon bras et je pédale vers les rues de mon quartier.

Perukapou ! Quelle chaleur ! Le quartier semble endormi. Je n'ai croisé que trois personnes, sans intérêt pour mon enquête. Je crois que je vais rentrer chez moi. Ah ! Je *rêve* d'une bonne douche froide… Soudain, je ralentis. Un homme pousse une brouette avec une grande quantité de grosses chandelles en plastique… rouge ! Mon sang ne fait qu'un tour. Je l'examine attentivement : taille moyenne, chauve, visage rougeaud, corpulent. Ça coïncide, il peut porter des rembourrures. Il faut que je vérifie s'il a une bague en forme de cœur. Je me rapproche de l'homme en regardant les adresses, comme si je cherchais une destination précise. L'inconnu tourne alors dans une entrée. Je m'arrête brusquement et je me penche en faisant semblant d'attacher mon lacet. C'est un bon truc, ça marche tout le temps. Sauf que cette fois, je vois l'homme se diriger vers moi à grands pas. Zut ! il porte des *gants* de jardinage…

— Qu'est-ce que tu as à me suivre depuis dix minutes ? crie-t-il.

Je le regarde bêtement, sans rien dire.

— Allez, réponds-moi ! ajoute-t-il en me prenant le bras.

Mes journaux tombent, et il s'empare aussitôt de l'un d'eux.

— Tiens, tiens, un journal de l'hiver dernier. Je me doutais bien que tu n'étais pas un vrai livreur, il n'y en a pas qui passent à cette heure-ci dans la semaine ! Eh ! dit-il en approchant son visage à deux doigts de mon nez, c'est une fausse moustache, ça ! À quoi joues-tu ? Qu'est-ce que tu veux ?

Je suis dans de beaux draps ! Je ne sais pas quoi lui répondre. Il m'a pris au dépourvu...

— Je te surprends, hein ? Ex-détective Leflair, déclare-t-il alors plus calmement. Maintenant, tu comprends pourquoi je t'ai si vite repéré !

Je n'en reviens pas ! *Lui*, un détective ? Je suis déçu... Je décide de lui dire une partie de la vérité.

— Je me demandais ce que vous faisiez avec toutes ces chandelles.

— Ça alors ! tu n'as vraiment rien de mieux à faire ? C'est pour l'anniversaire de ma femme. Je vais les planter sur le gazon, elle va être folle de joie ! ajoute-t-il en riant.

Je trouve son idée de mauvais goût. Tout en ramassant mes journaux, je lui fais cependant un grand sourire et lui dis :

— C'est une excellente idée ! Bon anniversaire à votre femme !

— C'est ça, et sois plus discret la prochaine fois ! Si tu veux des leçons, tu sais où me trouver.

Moi qui rêvais d'une douche froide, me voilà servi ! J'enfourche mon vélo en maugréant. J'enlève ma moustache et ma cicatrice. Ouille ! Il faut que je me calme. Je le vois vraiment partout, mon fou du rouge ! Mais cet incident m'enseigne une autre leçon : *redoubler de prudence lors d'une filature spontanée, car on ne sait jamais à qui on a affaire !*

Pour me changer les idées, qui sont plutôt noires, je décide d'aller voir mon fournisseur et ami Taï Ming. Il reçoit toujours du nouveau stock, le mardi. Ragaillardi, je roule à vive allure jusqu'à sa boutique.

Je baigne dans un océan de rêve ! Faux nez, postiches, costumes et produits de maquillage s'étalent devant mon regard subjugué. J'achèterais tout ! Taï rit de me voir quasiment couché sur le comptoir à admirer son nouvel arrivage.

— Attends, tu n'as pas tout vu ! s'écrie-t-il en se dirigeant vers l'arrière-boutique.

Je le suis, intrigué. Je reste bouche bée en voyant une énorme pieuvre vert fluo affaissée dans la pièce. Elle doit mesurer dans les quatre mètres ! On dirait une vraie, avec ses huit pattes extra longues, couvertes de ventouses.

— Perukapou ! Où as-tu pris ce monstre ?

— Te rappelles-tu que j'ai déjà joué dans un film d'horreur ? Eh bien, le réalisateur se débarrassait des décors et des accessoires. J'ai sauté sur l'occasion ! Regarde, elle est articulée. Je me suis amusé avec elle plusieurs fois sur le plateau.

J'ai soudain une idée qui me cloue sur place. Mais oui ! Ce serait fantastique !

— Taï, il faut qu'on discute ! Tu veux bien me rendre un grand service ?

— Bien sûr, tu es mon meilleur client !

Nous discutons longuement de mon idée. Taï m'assure que tout sera fait dans les règles. Mais il doit se préparer dès maintenant.

Avant de partir, je lui achète une nouvelle marque de colle, deux faux nez et une perruque. Je m'apprête à franchir la porte lorsqu'il m'interpelle :

— Loup ! Devine quoi ? On m'a demandé de remplacer au pied levé un des membres de la parade de la fête foraine. Tu vas être jaloux, je vais être déguisé en clown sur échasses ! ajoute-t-il en riant.

Je suis plus admiratif que jaloux. À peine âgé de vingt ans, Taï a déjà travaillé dans un cirque. Il est aussi cascadeur, comédien, accessoiriste, maquilleur... Il est super ! Je lui envoie la main en souriant :

— Fantastique ! À plus tard, alors !

— Eh ! Loup ! ajoute-t-il. C'est chic, ton idée.

Confus, je rougis sans rien dire. Je regarde l'heure. J'ai juste le temps de rentrer chez moi prendre une douche et de filer à la pizzeria. Ça tombe bien, j'ai une faim de... Loup !

— Mon petit Lupo ! *Come stai ?** me demande Lorenzo, le père de Luna.

— *Va bene***, Lorenzo !

Le resto est rempli, mais Luna a toujours un siège réservé. Je m'assois au comptoir en souriant. Lorenzo prépare sa pâte en la faisant tournoyer très haut. Je ne me lasse jamais de ce spectacle.

— Ça te tente, champignons, extra olives ? murmure alors une voix à mon oreille.

C'est Luna, toute rouge, avec son grand tablier blanc. Il fait très chaud dans la

* Comment vas-tu ?

** Ça va bien.

pizzeria, je la trouve courageuse. Je lui fais un grand sourire :

— Affirmatif, *mia amica* !*

— Qu'est-ce que tu as ? me demande-t-elle alors en me fixant. Tu as l'air bien content de toi.

— C'est parce que…

Perukapou ! Un peu plus je lui dévoilais mon idée !

— Luna, *mia cara stella***, veux-tu servir deux cafés aux clients de la table du fond ? hurle alors Lorenzo.

— Si, si, j'arrive ! crie-t-elle à son tour. Toi, tu ne perds rien pour attendre ! ajoute Luna à mon oreille en retournant derrière le comptoir.

En attendant notre pizza, je regarde, par réflexe, tous les hommes présents dans la pizzeria. Je compte… *sept* hommes qui pourraient être mon fou du rouge, incluant Lorenzo ! Je soupire. Qu'est-ce qui me

* Mon amie.

** Mon astre chéri.

prend encore ? Je suis ici pour faire une *pause*, alors... Ah ! Voilà Luna qui arrive avec la pizza ! Je commence aussitôt à dévorer une pointe, tandis que mon amie est constamment dérangée par son père. Ça m'arrange : de cette façon, elle oublie de me poser des questions sur mon air réjoui ! L'estomac plein, je m'appuie les coudes sur le comptoir. Je pique du nez lorsque...

— Hou ! Hou ! crie Luna dans mes oreilles.

Je sursaute et bang ! je tombe en bas de mon siège.

— Perukapou ! Tu es folle ou quoi ?

Je lève les yeux et je reste estomaqué, ma colère envolée. Luna est tout simplement... formidable ! Sous son tablier, elle cachait une tenue pour le moins originale : une robe sans manches couverte de bouchons de plastique provenant de bouteilles d'eau, qu'elle a peints de différentes couleurs. Des boucles d'oreilles et un bracelet faits du même matériau complètent sa tenue. Je m'exclame, enthousiaste :

— Tu vas faire un malheur !

Mon amie me fait un grand sourire, et nous partons en vélo vers la fête foraine.

La danse du poulpe

Sur la route, j'en profite pour raconter à Luna ma journée de fou (sauf mon plan concocté avec Taï). Mon amie est bouche bée. Je crois qu'elle m'envie un peu !

Lorsque nous arrivons à la fête foraine, le ciel a changé de couleur. Les manèges éclairent l'immense terrain vague déjà grouillant de monde. C'est magique ! Nous attachons nos vélos et nous marchons tranquillement, les yeux grands ouverts. Malgré moi, je regarde attentivement tous les hommes seuls que je croise. Malheureusement, aucun ne porte de bague en plastique en forme de cœur. J'espère que mon fou du rouge ne l'a pas perdue, c'est ma seule façon de le reconnaître. Je m'attarde devant les stands de jeux où l'on peut gagner toutes sortes de jouets. L'un d'entre eux attire particulièrement mon attention. Situé tout au bout du terrain, il est rempli d'énormes chiens *rouges* en peluche. Mais ce stand est si éloigné des manèges et des gourmandises que peu de gens s'y présentent. Ça ne fait rien, je vais l'avoir à l'œil !

Luna me tire alors par le bras, car le spectacle de mon frère va bientôt commencer. Le comité organisateur a bien fait les choses : la scène est recouverte de tapis noir, entourée de spots. Je suis un peu énervé, ça commence dans quelques minutes ! Luna regarde autour d'elle et semble déprimée. Je lui demande pourquoi.

— Tu vois bien, il n'y a qu'une dizaine de personnes autour de la scène. Ton frère va être très déçu... me répond-elle en soupirant.

— Attends donc que ça commence, tu vas voir, la foule va affluer !

— Tu sembles bien sûr de toi ! me réplique-t-elle en me regardant d'un drôle d'air.

Ah ! Cette fille lit trop bien en moi... Heureusement, c'est à ce moment que l'annonceur s'approche du micro :

— Mesdames et messieurs, voici maintenant en primeur : *Denis et ses hommes-grenouilles* !

Le groupe de mon frère est très bon ! Il y a de plus en plus de gens amassés devant la scène. Je suis nerveux, car j'attends une certaine chanson avec impatience... Le groupe vient de terminer une chanson d'amour lorsque mon frère annonce la suivante au micro : *La danse du poulpe* !

Enfin ! Dès les premières mesures, les gens battent des mains, car la chanson est très entraînante. Soudain, des spots colorés promènent leurs rayons sur la scène. J'aperçois alors des bulles qui semblent flotter autour des musiciens. En regardant bien, je constate que ce sont des boules en plastique transparent de différentes grosseurs. Elles sont fixées sur des tiges souples cousues sur les combinaisons de plongée. Quand les musiciens bougent, on dirait vraiment des bulles. Luna s'est surpassée ! *Denis et ses hommes-grenouilles* ont même inventé une danse, qu'ils exécutent en parfaite synchronisation. Tout à coup, la foule devient hystérique. La pieuvre vert fluo de mon ami Taï vient d'apparaître, suspendue dans les airs. Elle se tortille les pattes en suivant le rythme. Je regarde alors mon frère, qui reste bouche bée quelques secondes. Il aperçoit Taï derrière le rideau, qui manipule le monstre. Pendant que ses musiciens, déchaînés, répètent le refrain, mon frère se retourne vers le public et me cherche des yeux. Il a deviné, car il sait que je suis copain avec Taï. Lorsque nos regards se croisent, Denis me fait un grand sourire, si éclatant que j'en suis bouleversé... Je crois que ma mauvaise blague est pardonnée ! Luna se tourne vers moi, les yeux tout brillants, et me crie à l'oreille :

— Tu es merveilleux, *mio piccolo Lupo** !

Puis elle m'embrasse sur la joue… Perukapou ! J'ai soudain une grosse bouffée de chaleur. Vite, j'ai besoin d'air ! Je me faufile dans le public qui acclame *Denis et ses hommes-grenouilles*. Le groupe fait un tabac !

Je suis presque arrivé à sortir de la foule. Enfin, un peu d'air ! Je regarde autour de moi. Mon regard est alors attiré par une silhouette qui marche plus loin. La seule d'ailleurs, car tout le monde est rassemblé autour de la scène. La silhouette s'arrête devant… le stand de toutous rouges ! Je la vois qui fait de grands gestes au commerçant. Je me glisse entre les gens, je les bouscule au passage. Je suis pressé ! Enfin sorti de la foule, je cours vers le stand en la cherchant des yeux. Où est-elle passée ? Je l'aperçois alors plus loin qui se penche pour entrer dans sa voiture. J'ai de la chance, le

* Mon petit Loup.

stationnement est très éclairé ! J'ai le temps de distinguer un imperméable, un chapeau rabattu, mais surtout, j'aperçois un éclat de verre qui brille au doigt de mon suspect : c'est *une bague en forme de cœur* ! Il faut que je suive cet homme. Perukapou ! Mon vélo se trouve à l'autre extrémité du terrain, c'est raté ! Mais… il tourne à gauche. Il n'y a que des terrains vagues et quelques bâtiments abandonnés sur cette vieille route. J'y pense, ce chemin se termine en *cul-de-sac*. J'ai encore une chance ! Mais avant de récupérer mon vélo, je demande au commerçant du stand de toutous ce que lui voulait mon « oncle ». Il faut parfois inventer pour obtenir de l'information !

— C'est ton oncle, ce drôle d'hurluberlu ? Il voulait m'acheter tout mon stock de toutous, en argent comptant. Il m'a même supplié, en me disant que c'était « pour une bonne cause ! »

Plus de doute possible, je tiens *enfin* mon fou du rouge. Je pique un sprint digne des athlètes des jeux olympiques jusqu'à mon vélo. En passant, je jette un œil sur la scène où *Denis et ses hommes-grenouilles* se démènent toujours. Tant pis, je n'ai pas le temps d'avertir Luna. J'enfourche mon vélo et je file seul dans la nuit...

8

Dans l'antre du diable

Je pédale à toute vitesse ! Je tourne à gauche au croisement des chemins. Je me retrouve sur une route en gravier, éclairée seulement par la lune. Après plusieurs centaines de mètres, j'aperçois enfin deux bâtiments assez éloignés l'un de l'autre. Je m'arrête au premier, bien que la maison baigne dans l'obscurité. Je dépose mon vélo et je fais rapidement le tour de la maison. L'habitation est inoccupée. Je roule jusqu'à l'autre bâtiment, un immense entrepôt assez délabré, en retrait du chemin. Je vois de la lumière à quelques fenêtres. Je cache aussitôt mon vélo derrière un buisson, et je fonce jusqu'à l'entrepôt. Appuyé contre la façade, je reprends mon souffle. Maintenant, j'explore ! À pas de loup, je tourne le coin de l'entrepôt, et j'aperçois alors la voiture de mon suspect. Soudain, une porte claque. J'ai juste le temps de me cacher derrière un amas de roches et de terre. L'homme passe près de moi sans me voir, et il se dirige vers son auto. Je lève la tête. Je le vois qui farfouille dans le coffre. Je jette un œil vers la porte. Elle est entrebâillée. J'y entrevois une lueur rougeâtre... Lorsque j'entends le bruit du moteur ronronner, j'exulte. L'homme s'en va ! Il ne doit pas aller loin, mais j'ai le temps d'aller fureter à l'intérieur. Je pense alors à un déguisement express. Je fouille dans mon sac à dos. Je sors mon costume d'homme d'entretien : cheveux gras, moustache, blouson avec l'étiquette : *Joseph Smith, vérificateur*. Je glisse dans ma bouche de fausses dents avancées (je les adore, celles-là !) qui transforment totalement mon visage. Je me regarde dans un petit miroir. Parfait ! Dans mon énervement, j'oublie presque mon accessoire *dégueu* : ce coup-ci, une plaie sanguinolente sur ma main gauche. Je cours aussitôt vers la porte que je pousse doucement. Perukapou ! Si mon suspect a un complice ? Je n'avais pas pensé à ça ! Sur mes gardes, je marche sur la pointe des pieds. Mes yeux s'habituent peu à peu à l'éclairage rouge du couloir. Je prête l'oreille. Je n'entends que ma respiration saccadée. Je me rappelle soudain ma première leçon et je murmure : « Minou ! Minou ! » Mais il n'y a pas... un chat ! Je pars donc à l'aventure...

Perukapou ! J'ai de la difficulté à exprimer mes sentiments. Le spectacle est surprenant : en sortant du couloir, je suis tombé sur un immense espace, rouge d'un bout à l'autre, éclairé par des spots. Quelle chaleur ! Les murs rouges sont couverts de cadres rouges *sans* toiles. Aux fenêtres sont accrochés de longs rideaux rouges qui traînent jusqu'au sol. Il y a aussi une grande bibliothèque remplie de livres à couverture... rouge. Tout le mobilier rouge repose sur un plancher… rouge. En levant la tête, je vois des ballons rouges gonflés à l'hélium qui couvrent tout le plafond ! J'avance lentement, je ne veux rien manquer du spectacle. J'aperçois un peu partout des fleurs rouges dans des vases en verre rouge. C'est hallucinant !

J'arrive au coin cuisine. Je dépose mon sac à dos sur la table, près d'un petit téléviseur rouge. Une odeur de fraises me monte alors au nez. Je découvre plus loin les fameuses caisses achetées chez la marchande de fruits. Bizarre, elles sont *intactes*, installées sur les différents paliers d'un escabeau. Je ne peux résister, j'en croque une. Beurk ! Ces fruits sont trop mûrs, quasiment moisis. Je vois le frigo rouge. Curieux, je m'apprête à l'ouvrir, lorsque tous les spots s'éteignent. Je sens alors une pression dans mon dos. Une voix m'ordonne :

— Haut les mains !

Je me fige. Il faut que je réagisse vite : l'homme est armé ! Je me retourne vivement et je lui fais un *shuto** à l'avant-bras, clac ! qui lui fait lâcher son arme. Je l'envoie ensuite rouler sur un tapis rouge, avec un parfait *sokuto***, schlack ! Mon professeur de karaté serait fier de moi !

La lumière rouge du couloir étant toujours allumée, je vois dans la pénombre l'homme plié en deux. Il se tient le ventre en gémissant. Peut-être que j'y suis allé un peu fort ? Je m'empare aussitôt de son pistolet. Soulagé, je constate qu'il est en plastique... rouge. J'ai affaire à un drôle de méchant ! Mais on ne sait jamais... Je jette un œil autour de moi. Il y a un rouleau de corde rouge sur un comptoir. Je m'approche prudemment de l'homme. Il est maintenant assis et se frotte le ventre. Je lui ordonne, d'une voix grave :

— Ne bougez pas !

Croyant avoir affaire à un adulte, il se laisse faire sans se débattre. Je le trouve

* Coup donné avec le tranchant de la main.

** Coup de pied latéral.

quand même bien docile, mon bonhomme ! Je lui attache les poignets et l'aide à se relever. Je le fais ensuite asseoir à la table de cuisine. Je le regarde. Il a l'air complètement abattu. Malgré la pénombre, je remarque que cette fois-ci, il a des cheveux frisés et une courte barbe. Intrigué, je lui demande :

— Qui êtes-vous ?

Il ne répond pas. Je vais allumer les spots et je reviens à la table.

Il me rappelle quelqu'un... mais qui ? Je tire d'un coup sur sa barbe. Il lâche un cri. Je tire alors plus doucement sur ses cheveux (ce sont peut-être les siens !). Mais non, c'est une perruque ! Je le reconnais... Perukapou ! LUI ? ? ?

9

Le fou du rouge

Je n'en reviens pas encore ! Je le pointe du doigt et déclare :

— Vous êtes Antoine Ciboulot, le chirurgien qui doit opérer le fils du roi Catalov !

— Je... je... balbutie-t-il. Oui, c'est bien moi. Et vous, ajoute-t-il en se penchant vers moi, que faites-vous ici, monsieur... Joseph Smith ?

Je réfléchis quelques secondes. Je décide de lui dire la vérité, car je ne crois pas que cet homme soit dangereux. Je veux connaître la raison de sa folie du rouge. Je lui parle de l'article sur le quincaillier qui a déclenché toute ma série de mésaventures. J'omets de lui dire mon âge véritable, bien entendu ! Ça me donne plus de crédibilité.

— Vous vous êtes bien débrouillé ! s'écrie-t-il. Moi qui ai cru déjouer tout le monde avec mes déguisements. J'aurais dû penser à enlever ma bague, mais elle ne me quitte jamais.

— Pourquoi donc ?

— Je l'ai reçue de la première enfant que j'ai opérée, la sauvant de justesse de la mort. C'est comme un porte-bonheur pour moi... ajoute-t-il en la caressant du bout des doigts.

— Maintenant, vous allez répondre à ma question : pourquoi avoir acheté tant de choses rouges et les avoir amassées ici ? Je suis sûr que vous n'habitez pas dans cet entrepôt de façon permanente. C'est trop débile !

— Qui me dit que vous n'irez pas dévoiler mon secret aux journalistes ? réplique-t-il, sur la défensive. Je n'ai confiance en personne !

Je réfléchis à toute vitesse. Cet homme n'opère que des enfants, donc... Je prends alors une décision qui, je l'espère, en vaudra le coup. J'aspire une grande bouffée d'air et je lui réponds :

— Vous ne faites même pas... (je tire sur ma perruque) confiance... (je tire sur ma moustache) à un enfant (je reprends ma voix normale) ?

Mais je n'enlève pas mes fausses dents, ce qui me rend méconnaissable.

Le chirurgien me regarde, bouche bée.

— Un jeune garçon ! s'exclame-t-il. Pas possible ! Tu es très talentueux !

Je rougis sous son regard admiratif.

— Euh... merci ! Alors, vous me le dites, votre secret ?

— Je... je ne sais pas...

Je décide de le détacher. Ce geste de confiance semble le toucher. Je le vois hésiter, il triture sa bague en plastique. Soudain, il lève la tête :

— D'accord, je vais te le dire. Ça va me soulager, mon secret est devenu trop lourd à porter.

Assis au bout de ma chaise, j'attends sa réponse avec autant d'impatience que s'il s'agissait d'un nouvel arrivage de verrues à la boutique *Panoplies Ming*.

— Eh bien, vois-tu... commence-t-il enfin, depuis quelques semaines déjà, j'ai commencé à avoir des problèmes lors de mes opérations : des étourdissements, parfois même accompagnés de nausées.

— Savez-vous pourquoi ?

— Ne ris surtout pas de moi ! m'avertit-il alors. Je... *je ne supporte plus la vue du sang !*

— Hein ? Mais, comment est-ce possible ?

— Je ne sais pas ! Le plus grave, c'est que... lors de ma dernière opération, il m'est arrivé un incident qui m'a traumatisé, avec un très jeune patient : j'ai failli le perdre, car je tremblais trop ! Heureusement, mon assistante a réagi promptement. Le fait d'y penser me rend malade ! déclare-t-il en serrant les mains. Après l'opération, je suis sorti de l'hôpital pour prendre un peu d'air. Et là, j'ai eu un malaise en voyant une poussette rouge vif verrouillée à une des rampes. J'ai paniqué !

Mon malaise face au sang prenait de l'expansion : il s'étendait maintenant aux objets rouges.

— Perukapou ! Qu'avez-vous fait ?

— Je suis aussitôt allé voir le directeur de l'hôpital, et je lui ai dit que... j'avais besoin de vacances ! Il a accepté, un autre chirurgien prendrait ma relève. « De toute façon, m'a-t-il répondu, le prochain cas difficile est le petit garçon du roi Catalov, dans deux semaines. Reposez-vous bien ! » J'ai poussé un soupir de soulagement. J'aurais le temps de guérir... ou plutôt *il fallait que je guérisse !*

— Vous avez consulté un psychologue, bien entendu ?

— **NON** ! crie-t-il, si fort, que je sursaute. Il n'en est pas question. Je suis quelqu'un de très connu. Si mon secret s'ébruitait ? Adieu ma crédibilité ! Je te l'ai déjà dit, je n'ai confiance en personne. Il faut que je règle mon problème seul ! Je me suis alors enfermé chez moi et j'ai lu beaucoup de livres. J'ai trouvé un article où un homme a vaincu sa phobie du noir en vivant dans la noirceur pendant des périodes de plus en plus longues. Eh bien, il s'est guéri ! On appelle ça « guérir le mal par le mal ».

J'ai déjà lu quelque chose là-dessus dans la revue *Psychorama*. Si je me souviens bien, ça ne marche pas à tous coups... Je pense que si le docteur Ciboulot avait consulté un spécialiste, il aurait guéri bien vite ! Mais que pouvait-il faire d'autre, cet homme paranoïaque ? Curieux, je lui demande si son truc a fonctionné.

— Au début, non ! Mais, trois jours après avoir installé un meuble rouge dans ma chambre, je pouvais passer près de lui sans malaise. C'est là que j'ai eu l'idée « d'augmenter la dose ». Comme dans l'article. Je devais me trouver un endroit où je ne risquais pas d'avoir de visiteurs. J'ai donc loué cet entrepôt, bien au-dessus du loyer demandé, ainsi le propriétaire ne m'a pas posé de questions. Et là, je me suis pris au jeu. J'ai décidé de tout peindre en rouge. Ensuite, je me suis mis à acheter avec frénésie tout ce que je trouvais de rouge. Je venais matin et soir me plonger quelques heures dans cette atmosphère.

— Qu'est-ce qui s'est passé ? Si vous êtes ici, vous ne devez pas être guéri.

— Je me *croyais* guéri. Hélas ! Hier, je me suis fait une entaille assez profonde en coupant des légumes... et j'ai failli m'évanouir ! Les objets rouges ne me dérangent plus, mais le sang, oui ! Moi qui opère ce pauvre garçon dans trois jours ! s'exclame-t-il en se cachant la tête dans les mains. Si je ne réussis pas l'opération, le roi Catalov va exiger mon expulsion de la profession. Je serai envoyé sur l'île de Pakados. J'ai lu qu'il y reste encore des cannibales...

Éberlué, je proteste :

— Mais... on ne peut pas vous forcer à y aller !

— Que si ! Sinon, le roi Catalov interdira toutes les entrées de kiwanas dans le pays. Ce qui signifie une très grosse perte pour l'économie. Le premier ministre lui-même me l'a confirmé. Je suis dans une situation sans issue !

C'est donc pour cette raison qu'il disait toujours que c'était « pour une bonne cause ! » Il songeait, bien sûr, à la vie de l'enfant, et à sauver sa peau du même coup !

Perdu dans mes réflexions, je sursaute en entendant des sanglots étouffés. Pauvre homme, qu'est-ce que je peux faire pour l'aider ?

— Dites-moi, quand vos malaises ont-ils commencé ?

— Euh… c'est au lendemain d'une émission spéciale sur le *Cirque de la Lune*, je me le rappelle, car habituellement, je n'écoute que les bulletins de nouvelles. Je ne sais pas pourquoi, ce soir-là, j'ai laissé la télévision allumée.

— À cause des clowns, peut-être ? J'ai vu l'émission avec mon amie Luna, ils étaient sensationnels. Quels costumes !

— Je m'en souviens vaguement… murmure-t-il d'un air découragé.

Il doit y avoir autre chose. J'insiste :

— C'est tout ? Essayez de vous rappeler !

— Non, non, la routine…

Il a une vie bien plate, ce chirurgien. Il ne m'aide pas beaucoup !

— Écoutez, monsieur Ciboulot, il est tard. Je vais revenir demain avec mon amie. On va trouver un moyen de vous aider, c'est promis !

— Tu es bien gentil, mon garçon, me dit-il, le regard fort triste. Je vais passer la nuit ici, qui sait, peut-être que ça m'aidera.

Mais je vois bien qu'il n'y croit plus. Je le laisse et j'arrive chez moi, épuisé. Quelle journée ! Étendu sur le canapé du salon, je cherche une solution au problème du docteur Ciboulot, tout en feuilletant une de mes revues. Mes yeux se ferment de plus en plus. Je m'endors d'un coup.

10

Une singulière diète

Je suis réveillé par la sonnerie du téléphone. Huit heures ! Qui peut appeler si tôt ? Je décroche et reste sans voix : un appel de *mon frère*, pour *moi*, est aussi incroyable qu'une pluie de grenouilles ! Curieux, je jette un œil dehors. Pas de batraciens à l'horizon… Alors ?

— Eh ! Tu es là ? crie mon frère dans le combiné.

Je sursaute et réponds :

— Je… je… qu'est-ce qu'il y a ?

— J'AI SIGNÉ UN CONTRAT AVEC UNE MAISON DE DISQUES ! hurle-t-il.

Je saute dans les airs, complètement réveillé. Je me masse l'oreille. Perukapou ! Quelle voix ! Je suis content pour lui.

— C'est... super !

— Super ? C'est MÉGA-DÉBILE GÉANT ! Tu sais, c'est un peu grâce à Luna : le producteur a beaucoup aimé le style de notre groupe. Mais ton idée de la pieuvre l'a tout simplement... enchanté ! ajoute-t-il. Merci, frérot. Je n'oublierai jamais !

Je suis pétrifié. Je me pince. Aïe ! Je ne rêve donc pas... Mon frère qui me remercie ! Je regarde de nouveau dehors : non, pas de grenouilles en vue. Je ne sais pas quoi dire. Je réponds bêtement :

— Euh... félicitations !

Mon frère éclate de rire :

— Écoute, appelle-moi un de ces soirs, je te payerai toutes les frites que tu voudras, d'accord ?

— Hein ? Euh... je veux dire... euh... super, Denis, je n'y manquerai pas !

Je raccroche doucement. Je me sens soudain aussi léger qu'un nuage... Je saute sur le canapé et je fais deux, trois culbutes ! Le sourire aux lèvres, je reviens sur terre :

monsieur Ciboulot. Je téléphone aussitôt à Luna.

— J'ai besoin de toi. Peux-tu venir à la maison ? C'est urgent !

— Mais… qu'est-ce qui se passe ? demande-t-elle, tout endormie.

— J'ai trouvé mon homme. Il faut absolument l'aider ! Attends de connaître son histoire. Et puis… Denis a signé un contrat cette nuit même !

— QUOI ? crie-t-elle, soudain réveillée. J'arrive ! Prépare les croissants et la confiture !

Trois croissants plus tard, Luna connaît tous les détails de ma soirée.

— Ça alors ! J'ai cru que tu étais parti parce que tu étais jaloux du succès de ton frère.

— Tu vois, tu t'es trompée… Comment va-t-on faire pour aider monsieur Ciboulot ? Il opère l'enfant après-demain !

Je vois que Luna réfléchit, les yeux fermés.

— Sais-tu ce qu'il mange ? me demande-t-elle soudainement.

— Hein ? Non ! Quel est le rapport ? Ce n'est pas le temps de rire !

— Fais-moi confiance, O.K., *mio Lupo* ? m'implore-t-elle avec ses grands yeux verts.

Comment faire pour résister à ces yeux-là ? Je capitule !

— Eh ! Tu ne te déguises pas ? me demande-t-elle, surprise.

— Non, pourquoi ? Cet homme a besoin d'aide, ce n'est pas un criminel. J'ai décidé de lui montrer mon vrai visage. Allons vite le voir à l'entrepôt !

Nous trouvons monsieur Ciboulot qui marche de long en large, les mains dans le dos. Il est cerné, les traits tirés. Il a une tête à faire peur. Il me regarde et semble un peu surpris. Sans prothèse dentaire, je suis très différent ! Je lui présente Luna.

— Mon amie a eu une idée. On peut voir le contenu de votre frigo ?

— C'est bien ce que je pensais ! s'écrie Luna. Regarde !

Je m'approche, intrigué. Le frigo est rempli de nourriture verte : haricots, brocolis, épinards, petits pois, salade et céleri.

— Et alors ? Il doit être végétarien ! L'êtes-vous, monsieur Ciboulot ?

— Non, non, mais j'ai découvert que je ne digère que du « vert » !

— Je m'en doutais, déclare Luna. Je crois savoir pourquoi : le vert est la couleur complémentaire du rouge. C'est donc la seule que votre système encaisse. Maintenant, il faut répandre du rouge dans votre corps, comme du sang ! Il faut réapprivoiser votre intérieur, comme vous l'avez fait avec votre environnement.

Je la regarde, pas très étonné. La mère de Luna est psychologue, et parfois, Luna parle un peu comme elle.

— Je... je ne pourrai pas. Quelle horreur ! Savez-vous que depuis que je souffre de cet étrange phénomène, je ne supporte plus les vêtements rouges sur ma peau ? Ça me donne des démangeaisons... Imaginez de la nourriture rouge !

— Il le faut ! insiste Luna. Vous allez guérir votre système en mangeant du « rouge ». Du même coup, votre équilibre mental se rétablira, j'en suis sûre ! Un esprit sain dans un corps sain, ça vous dit quelque chose, docteur ? ajoute-t-elle en souriant.

Monsieur Ciboulot finit par céder. De toute façon, je ne vois pas d'autres solutions à lui proposer pour le moment, alors... Qui ne risque rien n'a rien !

Luna et moi rédigeons une liste d'aliments. Monsieur Ciboulot nous donne de l'argent, et nous roulons jusque chez l'épicier le plus proche. Nous avons beaucoup de plaisir à choisir uniquement de la nourriture rouge !

Monsieur Ciboulot mange donc ses tartines avec une épaisse couche de confiture de framboises, accompagnées d'un grand verre de jus de canneberges. Il avale le tout en se bouchant le nez !

— C'est un bon début ! l'encourage Luna.

Nous passons la journée avec lui. À midi, il grignote une pizza extra tomates et piments rouges de *Chez Lorenzo*. Pour le souper, il mange un tartare (oui, oui, de la viande crue !), arrosé de vin rouge, pour que ça passe mieux ! Pauvre monsieur Ciboulot, il a mal au cœur... Mais il veut tellement guérir, qu'il mange toute son assiettée !

Nous faisons un premier test ce soir-là : il nous montre une cassette d'une opération qu'il a réalisée. Perukapou ! C'est dégoûtant, tout ce sang et cette chair ouverte... À mon tour de me sentir mal ! Je me détourne, regardant plutôt monsieur Ciboulot avec attention. Il est un peu pâle au début et soudain, un sourire apparaît sur ses lèvres :

— Je n'ai pas de malaises ! déclare-t-il. Je ne pouvais plus voir ces images sans avoir de nausées, et maintenant, je vais bien ! Suis-je guéri ?

Tout content, il nous prend par la main et nous nous mettons à tourner, tourner... Étourdi, je lâche prise. Je me blesse alors le coude avec un couteau qui traîne sur la table. À la vue du sang, le docteur recule.

— Je... je ne me sens pas bien... balbutie-t-il, et il s'assoit, tout blême.

Luna lui tape alors sur l'épaule et tente de le réconforter.

— Ne vous découragez pas ! Vous ne tombez pas dans les pommes à ce que je vois. Demain, vous continuerez votre diète rouge. Croyez-moi, ça va marcher !

Tout en mettant un sparadrap sur ma blessure, je jette un œil sur monsieur Ciboulot. Il broie toujours du noir. Je fouille alors dans mon sac à dos. J'enfile un déguisement express de clown : nez, perruque et collerette rouges. Je me plante devant le docteur en faisant toutes sortes de grimaces. Luna se tord de rire. Monsieur Ciboulot me regarde et un léger sourire effleure ses lèvres. Encouragé, je fais alors une pirouette, et... scratch !, j'accroche mon sparadrap qui se décolle. Ma blessure se remet à saigner, cette fois-ci plus abondamment. Je m'assois, vaguement nauséeux. Une goutte tombe près de monsieur Ciboulot. Il la fixe, et soudain, paf ! il perd connaissance ! Luna le fait revenir à lui en lui passant la poivrière sous le nez… Atchoum !

Pendant que mon amie me remet un nouveau sparadrap, je remarque que monsieur Ciboulot semble épuisé. Nous le laissons donc se reposer, en lui promettant de revenir le lendemain avec une solution. Mais laquelle ? ? ?

11

La nuit porte conseil

L'horloge sonne dix coups, mais je ne m'endors pas ! Il y a quelque chose qui me tracasse avec le cas de monsieur Ciboulot. Mais quoi ? Je fais défiler la journée plusieurs fois dans ma tête. En vain. J'allume la télé. Je zappe tout en réfléchissant. Je tombe alors sur une reprise de l'émission sur le *Cirque de la Lune*. Je ris en revoyant les clowns, puis je lâche un cri. Perukapou ! C'est ça qui me chiffonne : les clowns ! Monsieur Ciboulot m'a dit qu'il avait commencé à éprouver des malaises *après* avoir vu cette émission. Et tantôt, lorsque je me suis déguisé en clown, c'est *après* qu'il est tombé dans les pommes, à la vue d'une *petite* goutte de sang... Si cela avait un rapport avec les clowns ? Un mauvais souvenir peut-être ? Tout énervé, je commence à fourrager dans ma centaine de cassettes de *Phénomènes insolites*. Où est donc celle qui parle de la mémoire ? Je la trouve enfin et la réécoute au complet. Perukapou ! Ce serait donc possible ? Mais... il faut que j'en parle à un spécialiste, c'est trop important. J'ai besoin d'une confirmation ! J'y pense, la mère de Luna est psychologue, elle pourrait m'aider ! J'appelle aussitôt mon amie. Pourquoi ne répond-elle pas ? Enfin, elle décroche en bâillant.

— C'est Loup ! Dis-moi, est-ce que je peux appeler ta mère ?

— Mais, elle est en dehors de la ville ! Tu as vu l'heure ?

La mère de Luna est toujours en vadrouille : conférences, congrès... En fait, les parents de Luna sont séparés. Lorenzo a la garde de sa fille, qui voit sa mère à peu près trois fois par année ! Leur relation est d'ailleurs presque essentiellement téléphonique.

— Je dois *absolument* lui parler ! C'est au sujet de monsieur Ciboulot. Je suis *très* sérieux, Luna. Tu me le donnes ce numéro, oui ou non ?

— D'accord, Loup, mais à la condition que tu me rappelles aussitôt !

Je prends une grande respiration et compose le numéro. J'espère qu'elle est là... À la troisième sonnerie, elle décroche :

— Docteur Cartier à l'appareil.

— Euh... Bonsoir, madame, c'est Loup, l'ami de votre fille.

— Mon Dieu ! Il est arrivé quelque chose à Luna ?

— Pas du tout, rassurez-vous ! Je... j'aurais juste une question à vous poser, c'est *très* important. Mais je ne peux pas vous dire le nom de la personne qui a un problème... J'ai promis de ne pas le faire, car c'est quelqu'un de très connu.

— Tu m'intrigues, mon bonhomme... Vas-y, je t'écoute.

Je lui explique alors le comportement du docteur Ciboulot, que j'appelle

« Monsieur X ». Elle me pose beaucoup de questions. J'essaie de lui répondre du mieux que je peux. Notre entretien est suivi d'un long silence. Inquiet, je demande :

— Vous êtes toujours là ?

— Oui, oui, je réfléchis. Tu as raison, il s'agit effectivement d'un traumatisme. À la vue de clowns, ton « Monsieur X » éprouve inconsciemment un sentiment de malaise intense, venant d'un choc subi très probablement dans son enfance, étant donné qu'il s'agit ici de clowns. Puis son malaise se déclenche lorsqu'il voit du sang, donc...

Un autre silence s'ensuit. Ces informations rejoignent celles de l'émission que j'ai regardée. Mais je ne suis pas plus avancé ! Impatient, je l'interromps dans ses pensées.

— Madame Cartier ? Qu'est-ce qu'il faut faire, alors ? Il est complètement désespéré, il opè... euh... il travaille dans deux jours !

— Il faudrait qu'il affronte *réellement* un clown blessé, en sang. Je suis sûre que ça le rétablirait.

— Bien sûr ! Guérir le mal par le mal, c'est bien ça ?

— Tu es très doué, Loup !

— Euh... je lis parfois *Psychorama*. Merci, madame, et... bonne nuit !

Je rappelle Luna et je tombe sur le répondeur. Ah ! celle-là, quelle dormeuse !

Je me réveille tôt, tout énervé. J'ai pensé à ma conversation avec la mère de Luna une partie de la nuit. Finalement, j'ai trouvé une solution, mais j'ai besoin de Taï. Je sais qu'il sera à sa boutique tôt ce matin, car c'est la parade de la fête foraine en début d'après-midi. Taï m'a dit qu'il en ferait partie, déguisé en *clown* sur échasses, et cela m'a donné une idée. Le choc sera brutal pour monsieur Ciboulot, mais je n'ai pas de choix ! La vie d'un enfant est en jeu. Puis, j'imagine constamment monsieur Ciboulot dans un chaudron fumant, entouré des cannibales de l'île Pakados ! J'en ai froid dans le dos...

J'arrive à la boutique *Panoplies Ming* avec un sac de brioches à la cannelle et du café pour mon ami. Lorsqu'il me voit cogner à la porte, il m'ouvre aussitôt :

— Tu es très matinal ! Oh ! Oh ! Mes brioches préférées... Que veux-tu ?

— Je tiens d'abord à te remercier pour ton animation avec la pieuvre, c'était formidable ! Oui, j'ai encore un service à te demander. J'espère que tu accepteras. Mais pour commencer, je dois te raconter toute l'histoire.

Après avoir mangé trois brioches, Taï sait tout. Mon plan le séduit.

— Si ça peut aider ton « Monsieur X » à sauver une vie, marché conclu !

— Merci, Taï. À cet après-midi !

Je vais ensuite chez Luna et lui raconte mon plan.

— Ça va l'achever ! s'écrie-t-elle. Tu es sûr que c'est la bonne solution ?

— Je te rappelle que c'est ta mère qui m'a conseillé. Allons tenir compagnie à monsieur Ciboulot, jusqu'au moment de la parade. J'apporte quelques déguisements à l'entrepôt, ça le distraira !

Nous trouvons monsieur Ciboulot endormi dans un fauteuil. Luna me montre du doigt une bouteille de vin quasiment vide sur la table. Je secoue le docteur et lui crie à l'oreille :

— Monsieur Ciboulot ! Debout ! Une douche vous revigorera !

— Hein ? Qu... quoi ? bredouille-t-il, en clignant des yeux.

Nous le traînons jusqu'à la salle de bains. Il en ressort quelques minutes plus tard. Il a encore le cafard. Je vais lui changer les idées ! Pendant que Luna lui prépare un petit déjeuner rouge, je me glisse derrière un paravent rouge orné d'un dragon. Je me déguise en numéro 34 : *Madame Cinette, ménagère accomplie, foulard sur la tête, robe fleurie et tablier, collant vert et gros souliers.* Je me maquille le visage et les dents : quel beau sourire carié ! J'entre dans la cuisine, et je hurle d'une voix nasillarde à l'accent prononcé :

— *Chaprichti ! Ch'est* quoi tout *che* rouge !

Monsieur Ciboulot saute dans les airs. Il me regarde avec des yeux ronds, une framboise à la main. Je disparais aussitôt derrière le paravent. Je ris tout seul. Il doit se demander s'il hallucine ! Je change vivement quelques accessoires. Je jubile : j'ai créé ce numéro à dix costumes depuis peu. Mon but est de l'exécuter le plus rapidement possible. Je sors et réapparais à neuf reprises en : *Madame Khôl, Monsieur Glod, Dragoul, Miss Glamour, Le Quidam, Monsieur Chic, Agent 700, Le Petit Chaperon rouge* et *Madame Papillon*. Monsieur Ciboulot est subjugué. Je crois qu'il a momentanément oublié son problème. Parfait ! Il faut qu'il soit reposé, car il recevra plus tard un terrible choc ! Pendant que Luna applaudit à tout rompre, Monsieur Ciboulot me serre la main et me félicite chaudement. Il semble très impressionné par ma prestation. Je regarde l'heure : il est temps de partir pour assister à la parade. Je dis à monsieur Ciboulot qu'un bol d'air frais lui fera le plus grand bien.

— Je dois me déguiser ! réplique-t-il. Les journalistes ne me lâchent pas d'une semelle cette semaine.

Il enfile une perruque et des lunettes noires. Le moment est enfin arrivé. Je me demande si mon plan va fonctionner…

12

Un terrible souvenir

Luna et moi tenons fermement monsieur Ciboulot par le bras. Beaucoup de gens sont rassemblés, car la parade est déjà commencée. Nous nous faufilons au premier rang. Il y a de beaux costumes et la musique est assourdissante. Je vois alors les clowns sur échasses qui arrivent à la queue leu leu. Lequel est Taï ?

Soudain, malgré la forte musique, on entend un crac ! retentissant suivi de plusieurs cris. Quelqu'un hurle :

— Un médecin, vite !

La musique s'arrête. Ça y est ! Taï est tombé, comme prévu.

Le chirurgien se précipite aussitôt pour voir le blessé. Luna et moi le suivons de près.

Comment va-t-il réagir ? Taï est étendu face contre terre, une échasse reposant un peu plus loin, l'autre toujours fixée à son pied. Il ne bouge pas du tout. Je trouve que sa jambe a une drôle de position. J'entends alors des sanglots qui percent le silence. Je vois un peu plus loin un enfant qui pleure, assis à côté de sa bicyclette couchée en plein milieu du chemin. L'enfant a dû traverser sans regarder, et Taï n'a pu l'éviter !

Mon plan était plutôt le suivant : je me suis dit que si monsieur Ciboulot voyait un clown blessé avec du sang (faux, bien sûr, que Taï aurait appliqué sur son visage en tombant exprès), il subirait le choc qui le guérirait !

Le docteur Ciboulot se penche et touche légèrement la jambe de Taï. Mon ami pousse alors un long gémissement qui me fait frissonner. Quel acteur !

Quoique... Je regarde de plus près la jambe de Taï, avec son angle impossible...

Perukapou ! Elle est *vraiment* cassée !

Monsieur Ciboulot lui tourne doucement la tête. Il se fige et devient aussi blanc que ma crème à démaquiller ! On dirait qu'il vient de voir un fantôme... Son regard fixe le visage de clown tout ensanglanté de Taï. Je me penche à mon tour. Je vois une longue estafilade qui lui barre tout le côté de la figure. Le sang coule abondamment... Perukapou ! *Ce n'est pas du faux !* J'ai alors un de ces vertiges... Je regarde monsieur Ciboulot : il fixe toujours le visage de Taï d'un regard halluciné. Soudain, mon ami pousse un autre gémissement dans le silence de la foule. Je crie alors à monsieur Ciboulot :

— Vite ! Faites quelque chose !

J'ai les jambes en coton, je tourne presque de l'œil. Je vois, dans un brouillard, monsieur Ciboulot lever la tête vers l'enfant qui s'est remis à sangloter, près de sa bicyclette. Soudain, il réagit, comme s'il se réveillait enfin d'un mauvais rêve.

— Dégagez ! Il a besoin d'air !

J'entends la sirène de l'ambulance qui arrive. Puis Monsieur Ciboulot donne des instructions aux ambulanciers. Je regarde une dernière fois le visage ensanglanté de mon ami. Je découvre à mon tour que je ne supporte pas la vue de *tout* ce sang. Et alors, je tombe *vraiment* dans les pommes !

Je me réveille dans un couloir, couché sur une civière. Luna me sourit et me serre la main :

— Te revoilà ! Monsieur Ciboulot est parti prendre des nouvelles de Taï.

Je m'assois sur le bord de la civière. J'aperçois monsieur Ciboulot qui arrive au bout du couloir en compagnie d'un médecin.

— Bonjour, Loup ! me dit celui-ci avec un sourire. Grosses émotions, hein ? Ne t'en fais pas, ton copain va s'en sortir. Sa jambe est fracturée, et il gardera une cicatrice à la joue. Pour le moment, il dort. Nous allons le garder sous observation pendant vingt-quatre heures. Reviens plus tard, d'accord ?

Je le remercie et me lève. Ça va, je tiens sur mes jambes. Ce soir, je vais apporter une tonne de brioches à la cannelle pour mon ami Taï !

Monsieur Ciboulot nous ramène chez moi. Confortablement installés au salon devant des jus de fruits et des biscuits, nous écoutons le docteur nous expliquer son traumatisme. Tout lui est revenu en voyant la scène de l'accident :

— Je devais avoir sept ou huit ans, j'étais sur ma bicyclette. Je n'ai pas regardé en traversant la rue, car je poursuivais mon chat ! Je me souviens avoir été poussé bien fort. Il y a eu un crissement de freins épouvantable et un boum ! assourdi. Tombé de ma bicyclette, je me suis retourné pour voir un clown ensanglanté, étendu sur la chaussée, qui gémissait de douleur. Terrorisé, j'ai été pris de nausées. Je suis resté figé là, jusqu'à l'arrivée de l'ambulance. J'étais traumatisé par cette image. Je me croyais responsable de l'accident. Mon cerveau a enregistré la scène, mais je l'ai ensuite effacée de ma mémoire. Je me rappelle maintenant avoir trouvé des prétextes pour éviter d'aller au cirque ou regarder des émissions avec des clowns ! Pour moi, « clown » était associé à : sang, nausées, douleurs, impuissance. Puis les années ont passé… Inconsciemment, j'ai donc évité les clowns jusqu'à la diffusion de cette émission sur le *Cirque de la Lune*. Et voyez ce qui est arrivé ! Au fond, je n'avais rien oublié, tout était gravé quelque part dans ma mémoire. Lorsque j'ai vu le visage de Taï, j'ai senti qu'un voile se dissipait. Mais le déclic s'est vraiment produit quand j'ai vu l'enfant en larmes non loin de Taï. C'est comme si un rideau se levait : j'ai revu toute la scène ! J'y pense, il faudra que je retrace ce petit garçon qui a heurté Taï. Il ne faut pas qu'il garde lui aussi un traumatisme de cet événement.

Perukapou ! Quelles choses étranges peuvent arriver avec la mémoire… Je trouve ça fascinant !

Monsieur Ciboulot nous quitte pour aller se reposer. Il veut être en forme pour l'opération qui a lieu demain. Quant à Luna, elle est partie travailler à la pizzeria. Qu'est-ce que je peux faire ? Soudain, j'y pense : mes parents arrivent demain ! Je regarde les miettes de biscuits sur les fauteuils. Il y a de la vaisselle qui s'empile sur le comptoir de la cuisine. Quant à la salle de bains... Oh ! la ! la ! j'ai du pain sur la planche ! Je veux faire bonne impression. Qui sait, peut-être que cela incitera mes parents à me laisser seul une autre fois ?

13

Deux surprises valent mieux qu'une !

Je me réveille, fébrile. C'est le grand jour ! Je sais que l'opération débute à onze heures, et qu'elle doit durer environ quatre heures. Je regarde l'heure : quoi ! onze heures trente ! J'ai dormi comme un troupeau de marmottes. Tout en grignotant une pomme, je vérifie encore une fois que tout est immaculé. Mes parents n'auront rien à dire là-dessus. Quant à mon aventure... nous verrons bien !

À deux heures, je n'en peux plus ! Luna et moi avions décidé de nous retrouver chez elle à deux heures trente. Tant pis ! Je pédale si vite que j'arrive chez elle en un clin d'œil. Elle non plus ne tient pas en place...

— J'ai fait brûler deux pizzas hier soir, tu te rends compte ! Puis, ce midi, j'ai raté mon œuf dur. Je n'ai jamais été aussi énervée ! s'exclame-t-elle.

Je la regarde alors attentivement. Je sais que Luna s'habille selon ses humeurs.

Elle doit être vraiment *très* énervée, car avec son collant rayé garni de boutons, sa jupe à pois et son t-shirt imprimé, on dirait une pizza !

Nous roulons à tombeau ouvert jusqu'à l'hôpital. Il y a un essaim de journalistes aux portes. Je me faufile en tenant Luna par la main. Un énorme gaillard défend l'entrée.

— Euh… Joseph Smith et mademoiselle Lerouge désirent voir le docteur Ciboulot !

Nous avons décidé, avec la complicité de monsieur Ciboulot, de ne pas dévoiler nos vrais noms. Comme par magie, l'homme nous ouvre la porte, à la fureur des reporters.

Une infirmière nous escorte au bureau de monsieur Ciboulot. Nous l'attendons, anxieux. Je me ronge les ongles pendant que Luna tortille ses cheveux.

Enfin, la porte s'ouvre. Le docteur Ciboulot nous regarde longuement, gravement. Nous sommes paralysés. C'est comme si le temps s'était arrêté. Soudain, il lâche un cri :

— Il est sauvé ! déclare-t-il en nous faisant un large sourire.

Il a un geste qui me touche : il nous tend les bras. Nous nous serrons très fort…

— Ah ! les enfants, sans vous, j'aurais fini en gigot ! Pas un mot aux journalistes, d'accord ?

Luna et moi promettons en même temps :

— Juré, craché !

C'est le seul moment d'intimité que nous avons avec lui. On cogne soudain à la porte. Le personnel au complet est là pour le féliciter, ainsi que le premier ministre en personne ! Mon regard croise celui du fameux roi Catalov de Verdegrie, qui arrive au bout du couloir. Entouré d'une meute de journalistes, il lève bien haut dans les airs une énorme bouteille de champagne.

Nous perdons de vue monsieur Ciboulot, absorbé par la foule de plus en plus nombreuse. Nous réussissons à sortir par une issue de secours. Assis par terre contre le mur de l'hôpital, je déclare à Luna :

— C'est ma première enquête et j'ai adoré ça ! As-tu envie de continuer à m'assister ?

— *Con molto piacere** ! me répond-elle avec un sourire qui me réchauffe le cœur.

J'arrive chez moi en fin d'après-midi. Je vois l'auto de mes parents devant la maison. J'ai toute une histoire à leur raconter !

Mon aventure, je dois la répéter un million de fois, devant mes parents, mon frère Denis et ma tante Agathe. Mon père me félicite. Ma mère n'en revient tout simplement pas. Elle répète sans arrêt : « Tu as aidé *le* docteur Ciboulot ! » Ma tante Agathe me murmure à l'oreille : « Je savais que tu réussirais, tu es aussi têtu que ton

* Avec plaisir.

grand-père ! Il doit être fier de toi ! » Je lui fais un grand sourire.

Je lève alors mon verre de limonade en pensant : « À toi, grand-père ! » Quant à Denis, il me donne l'accolade à *plusieurs* reprises. Par réflexe, je regarde par la fenêtre : pas de grenouilles, mais un magnifique ciel bleu qui s'étale sous mes yeux.

Au matin, je suis réveillé par la sonnerie de la porte. On insiste. Tout le monde dort encore à poings fermés. C'est vrai que ma famille a trinqué pas mal fort à mes exploits. Je descends en grommelant :

— Perukapou ! Voilà, voilà ! J'arrive !

J'ouvre la porte et reste bouche bée. Un énorme camion de livraison déballe sa cargaison : il y a des dizaines de caisses qui s'empilent déjà sur notre perron.

— Monsieur Joseph Smith ? me demande le livreur.

— Hein ? Euh... oui, c'est moi. Qu'est-ce que c'est ?

— Un cadeau du roi Catalov !

J'ouvre aussitôt une des caisses : elle contient des kiwanas ! Eh bien, on en a pour les cinq prochaines années... Je cours réveiller tout le monde, sauf ma tante Agathe : elle cuve son vin, je suis incapable de la tirer du sommeil.

Le déjeuner se compose de kiwanas, bien entendu. Ma mère est ravie : elle adore ce fruit exotique. Il paraît qu'il donne un teint de pêche.

J'appelle Luna pour qu'elle vienne chercher des caisses de kiwanas avec son père. Ils restent prendre un café. Pendant que Lorenzo se demande « si c'est bon, des pizzas aux kiwanas », on sonne de nouveau à la porte.

J'ouvre : c'est monsieur Ciboulot, coiffé d'une perruque et de lunettes noires. Je remarque qu'il porte une chemise *rouge* sous son veston. Il est donc *complètement* guéri !

— Quelle plaie, ces journalistes ! s'exclame-t-il, en retirant son déguisement. Bonjour, mon garçon ! ajoute-t-il en me donnant une tape affectueuse sur l'épaule.

— Je suis content de vous voir, monsieur Ciboulot. Venez, je vais vous présenter !

Après avoir serré la main de chacun, il déclare à nos parents :

— Madame, messieurs, vous avez des enfants merveilleux !

Ma mère, rougissante, s'écrie :

— Merci, docteur Ciboulot. C'est un honneur de vous rencontrer !

— Loup, dit alors monsieur Ciboulot en se tournant vers moi, je tiens à te remercier pour ton aide. Grâce à toi, un jeune enfant et moi vivons encore. Quant à l'économie du pays, elle va se porter comme un charme grâce aux kiwanas. J'ai un cadeau pour toi !

Il me tend alors une clé. Curieux, je demande :

— Qu'est-ce qu'elle ouvre ?

— La porte de l'entrepôt rouge. Je te l'offre !

— QUOI ? Perukapou ! Je vais *enfin* avoir mon espace à *moi*, pour ranger tous mes costumes et mon maquillage. J'ai drôlement hâte ! Merci beaucoup ! Mais, mais... il a dû vous coûter très cher !

— Le roi Catalov ne m'a pas juste couvert de kiwanas, comme toi ! dit-il en riant. À propos, je lui ai dit que j'ai eu une aide précieuse, sans entrer dans les détails, bien sûr ! Il a tenu à vous récompenser. Tiens, regarde ce qu'il m'a aussi offert... ajoute-t-il alors en fouillant dans la poche de son veston.

Il en retire un énorme rubis, qui brille de mille feux. Perukapou, il est aussi gros qu'une patate ! Tout le monde lâche un « OOOOOHHHHH ! » admiratif. Je m'exclame :

— Ça doit valoir une fortune ! Qu'allez-vous en faire ?

— Je compte ouvrir une grande clinique avec toute la technologie de pointe nécessaire pour soigner les enfants malades. Qu'en dis-tu ?

Je pense qu'il est extraordinaire ! Je bondis de joie.

— C'est... fantastique ! Waaoooouuhhh ! pour monsieur Ciboulot !

Tout le monde reprend en chœur : « Waaaa ! Waaaa ! Waaooouuhhh ! »

Monsieur Ciboulot devient alors aussi rouge que ma verrue préférée !

Table des matières

Dans la même collection

Le Calepin noir
Joanne Boivin

Clovis et Mordicus
Mireille Villeneuve

Le Congrès des laids
Lucía Flores

Fierritos et la porte de l'air
Lucía Flores

Le Fou du rouge
Lili Chartrand

L'Idole masquée
Laurent Chabin

Le Mystère du moulin
Lucia Cavezzali

Opération Juliette
Lucia Cavezzali

La Planète des chats
Laurent Chabin

Le Trésor de Mordicus
Mireille Villeneuve

Une course folle
Cécile Gagnon

Une tonne de patates !
Pierre Roy